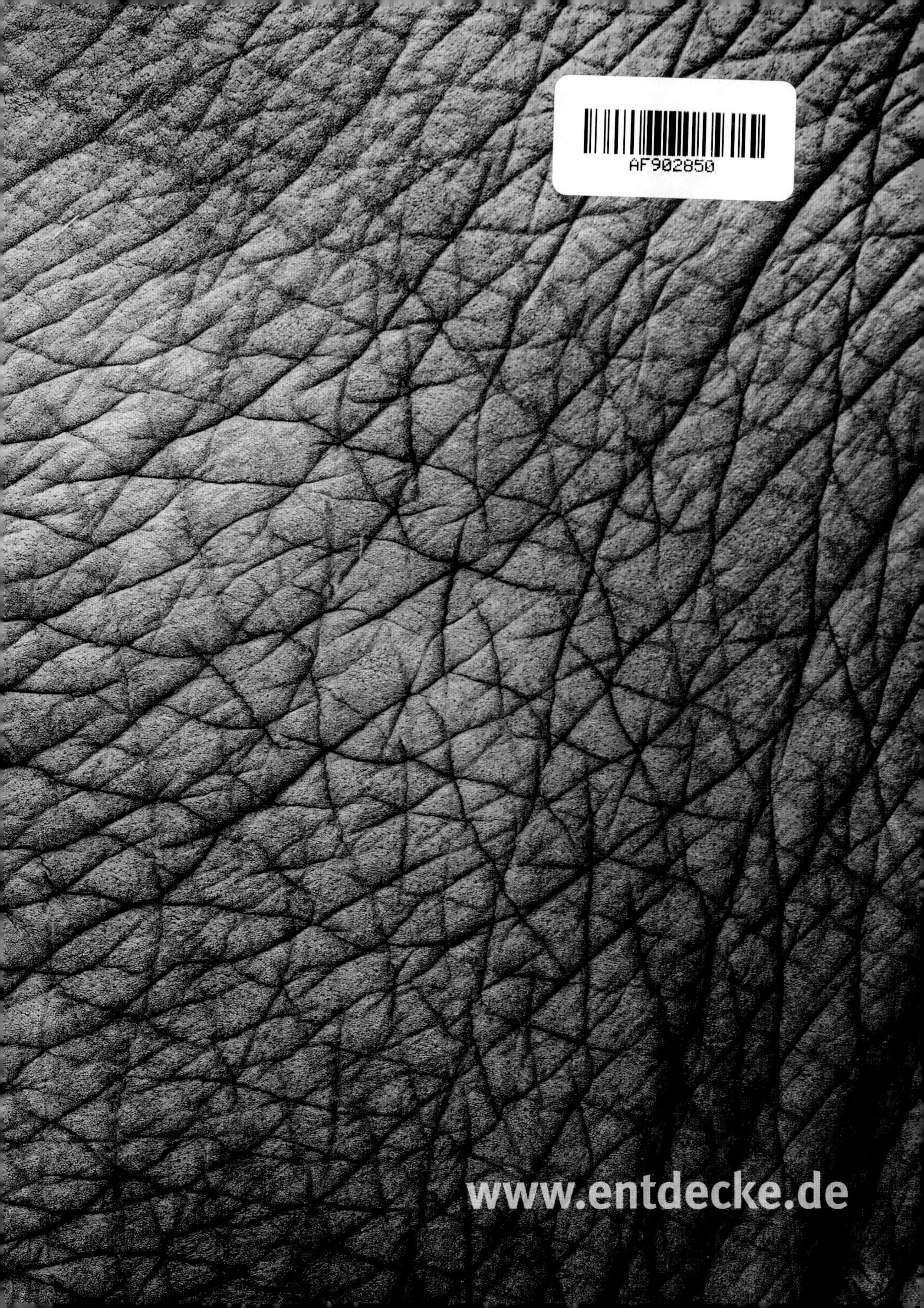
www.entdecke.de

Entdecke die Elefanten

Arno Schulz und Marion Pfeiffer

Titelbild: Afrikanischer Steppenelefant
Rückseite: Junger Afrikanischer Steppenelefant
S.1: Neugierig startet dieser junge Asiatische Elefant ins Leben
S.2/3: Elefanten sind Herdentiere. Hier siehst Du Afrikanische Steppenelefanten.

3. aktualisierte Auflage 2023

ISBN: 978-3-86659-285-8

An der Kleimannbrücke 39/41, 48157 Münster
Tel.: 0251-13339-0
Fax: 0251-13339-33
E-Mail: verlag@ms-verlag.de
Home: www.ms-verlag.de
Geschäftsführung: Matthias Schmidt
Layout: Isabell Büchter
Lektorat und Bildredaktion: Kriton Kunz
Druck: Drusala, Frýdek-Místek

Titel: Chris Fourie/shutterstock
Rückseite: Four Oaks/shutterstock
Vorsatzpapier: Nils Z/shutterstock

Arco Digital Images
S.1: Theo Allofs
S.4-5: Anup Shah
S.14 oben: Thomas Dressler
S.18 oben: Anup Shah
S.20: Martin Withers
S.21 unten: Karsten Wrobel
S.26 Mitte: TUNS
S.32 alle: Theo Allofs
S.34: Tony Heald
S.35: Suzi Eszterhas
S.38-39: Christian Heinrich
S.39 oben links: C. Braun
S.43 oben rechts: TUNS
S.47 oben: Karl Ammann
S.48: Neil Bowman
S.49 oben: Alfred Schauhuber
S.50: Josef Beck
S.51 unten: Ross Couper-Johnston
S.54 unten: Josef Beck

Fotolia
S.51 oben: Erica Guilane-Nachez

Okapia
S.29 oben: Matthias Graben
S.59: Nicolas Granier
S.55 Mitte: Dirk Renckhoff

shutterstock
S.6 oben: Linda Bucklin
S.6 unten: Aunt Spray
S.8 oben: Bartosz Budrewicz
S.12 unten: Vaclav Volrab
S.13: Smileus
S.15 unten: Tristan Tan
S.17 oben: Cool Kengzz
S.22: Lourens Durand
S.23 oben: My name is boy
S.23 Mitte links: Svetlana Foote
S.25 oben: Anette Andersen
S.26-27: sims975
S.28: Michal Bednark
S.30 oben: SurangaSL
S.33: Blackregis
S.38 oben rechts: beejung
S.38 oben links: Petra Christen
S.41: Four Oaks
S.42 oben: gnomeandi
S.42 unten: clickit
S.44-45: Four Oaks
S.52: POJCHEE
S.54 oben: XIE CHENGXIN
S.57 unten: Anan Kaewkhammul
S.62: Andy Dean Photography

Thinkstock Images International
S.2-3: Southeye
S.7 unten: Thomas Bischof
S.8 unten: Cape Photography
S.9 Mitte: LauraDin
S.9 oben: lemga
S.9 unten: abadonian
S.10-11: Lindsay Basson
S.10 oben: fuchs-photography
S.12 oben: abadonian
S.14 unten: Jason Prince
S.15 oben: jodie777
S.19 oben: Ljupco
S.19 unten: Dmitri Maruta
S.23 M rechts: Hemera Technologies
S.23 unten: Hemera Technologies
S.27 oben: Stocktrek Images
S.30 Mitte: ramzihachicho
S.30 unten: Fuse
S.31: purea
S.36: jez-bennett
S.37 oben: Lindsay Basson
S.39 o rechts: Dmitry Kudryavtsev
S.40: Fuse
S.43: Byrdyak
S.47 Mitte: Danielrao:
S.51 Mitte: Stopboxstudio
S.55 oben: Roylee-photosunday
S.55 unten: Natalia Deriabina
S.56: Eric Isseelée
S.57 oben: RenA Lubberdink
S.59: pilgrimego
S.63: giamplume
S.64: GlobalP

WILDLIFE Bildagentur GmbH
S.7 oben: N. Garbutt
S.11 oben rechts: M. Harvey
S.16: M. Harvey
S.18 unten: H. Kirk
S.32 unten: D.J. Cox
S.46 Mitte: M. Harvey
S.46-47: M. Harvey
S.53: A. Rouse

Sonstige
Arno Schulz: S.19 Mitte, S.21 oben rechts und links, S.26 oben, S.43 oben links, S.49 unten, S.60 oben und unten, S.61 oben und unten
Marion Pfeiffer: S.24/25, S.37 unten, S.46 oben, S.58/59, S.60 Mitte links und rechts
Dr. H. Nestroy durch Prof. Dr. Böhme: S.11 oben links

Inhaltsverzeichnis

Giganten unserer Zeit

Gewaltig sind sie, majestätisch und Ehrfurcht gebietend, zugleich hochintelligent, sensibel und mit engem Zusammenhalt ihrer Familienverbände: Elefanten. Mit diesem Buch möchten wir Dir diese grandiosen Geschöpfe näher bringen. Du sollst einen Einblick in Entwicklung, Verbreitung, Lebensweise und Familienstruktur der grauen Riesen erhalten, aber auch über ihre Bedrohung wollen wir Dich informieren.

Hast Du denn schon einmal einen Elefanten gesehen? Im Zoo? Im Zirkus? Oder sogar auf großer Reise mit Deinen Eltern in Asien oder Afrika? Sicher kennst Du auch ein paar Vertreter aus Büchern oder dem Fernsehen. Wir, Marion und Arno, sind mit Elefanten aufgewachsen: Wir standen Ewigkeiten vor den Gehegen im Zoo, hörten Benjamin-Blümchen-Kassetten und sahen gern den blauen Elefanten aus der Sendung mit der Maus. Den Film

Afrikanische Elefanten sind die schwersten heute lebenden Landtiere

„Dumbo“ haben wir mehr als einmal angeschaut. Du siehst also – auch wenn Elefanten eigentlich von ganz weit weg kommen, sind sie doch auch hier bei uns allgegenwärtig.

Wenn Du unser Buch gelesen hast, bist Du selber ein richtiger Elefantenexperte und kannst beim großen Elefantenquiz auf Seite 62 Dein Wissen testen. Aber zuerst steigen wir mal so richtig in die Welt der Elefanten ein. Wo und wie leben sie? Wie viel frisst so ein großes Tier eigentlich? Was kann man tun, um die großen Grauen vor dem Aussterben zu bewahren? Komm mit auf eine spannende Reise durch die faszinierende Welt der Elefanten!

Angst vor einer Maus?

Vielleicht hast Du schon einmal Bilderwitze gesehen, in denen ein Elefant panische Angst vor einer Maus hat. Tatsächlich sind Elefanten von Natur aus Neuem gegenüber etwas misstrauisch. Vielleicht würde manch ein Elefant wirklich zunächst erschrecken, wenn plötzlich eine Maus oder eine Ratte über seinen Weg huscht. Sobald er jedoch erkannt hat, dass ihm davon keine Gefahr droht, wird er das Nagetier einfach ignorieren.

Die Vorfahren der Elefanten

Bevor wir einen Blick auf die heute lebenden Elefanten werfen, möchten wir Dir zeigen, wer ihre Vorfahren waren. Vor über 60 Millionen Jahren entwickelten sich aus großen, pflanzenfressenden Säugetieren die ersten Huftiere. Man nennt sie Stammhuftiere. Sie brachten im Lauf der Jahrmillionen verschiedene Entwicklungslinien hervor, darunter die Rüsseltiere, zu denen die heutigen Elefanten zählen.

Anhand von Knochenfunden konnten Forscher feststellen, dass sich bei den Vorfahren der Elefanten der Rüssel erst allmählich ausbildete. Aus anfänglich nur etwa fuchsgroßen Tieren ohne Rüssel wurden über 30 Millionen Jahre immer größere Vertreter, zunächst mit einem kurzen, dann mit einem zunehmend längeren Rüssel. Damals bevölkerten Rüsseltiere alle Kontinente außer Australien und der Antarktis. Wie anpassungsfähig sie waren, zeigt die Entwicklung zum Mammut: große Arten mit zotteligem Fell und riesigen, gebogenen Stoßzähnen, die kalte Lebensräume besiedeln konnten. Bestens bekannt sind Dir sicher Mammut „Manni" und seine Familie aus den Ice-Age-Filmen.

Das *Moeritherium* war ein Verwandter der Elefanten, der vor 40 bis 30 Millionen Jahren lebte und etwa die Größe eines Tapirs erreichte

Das hier ist natürlich nur eine Nachbildung, denn Mammuts sind leider ausgestorben. Ein Verwandter von ihnen lebt aber bis heute: der Asiatische Elefant. Er ist nämlich mit den Mammuts enger verwandt als mit dem Afrikanischen Elefanten und dem Waldelefanten.

Mammuts sind jedoch ebenso wie die übrigen einst mindestens 160 anderen Arten von Rüsseltieren seit mindestens 10 000 Jahren, also dem Ende der letzten Eiszeit, ausgestorben – mit Ausnahme natürlich der Elefanten. Warum nur sie überlebten, ist nicht bekannt.

Zwerge

Besondere Vertreter der Rüsseltiere waren die Zwergelefanten. Sie lebten auf verschiedenen Inseln. Mit ein bis zwei Metern Höhe waren sie bereits ausgewachsen. Ursache dafür, dass sie so klein blieben, war das Inselleben: Zum einen war dieser Lebensraum beschränkt und bot wenig Nahrung, zum anderen gab es dort keine großen Raubtiere, die eine Gefahr für kleine Rüsseltiere dargestellt hätten.

Noch heute lebt auf Borneo eine Unterart des Asiatischen Elefanten, die als Borneo-Zwergelefant bekannt ist. Sie wird „nur" zweieinhalb Meter groß. Auf dem Foto siehst Du ein solches Tier.

Riesen

Afrikanische Elefanten sind die schwersten heute noch lebenden Landsäugetiere. Mit bis zu vier Metern Schulterhöhe sind sie zwar nicht so hoch gewachsen wie Giraffen, aber mit einem Gewicht von bis zu sieben Tonnen, also 7 000 Kilogramm, manchmal sogar noch mehr, viel massiger und schwerer gebaut. Daher werden Elefanten oft nicht nur als schwerstes, sondern auch als größtes lebendes Landsäugetier bezeichnet. Der mächtigste je vermessene Afrikanische Elefant war ein Bulle, also ein Männchen, von 4,21 Metern Höhe und unfassbaren 10,39 Metern Länge.

Der Klippschliefer sieht zwar überhaupt nicht aus wie ein Elefant, ist aber nahe mit ihm verwandt

Schliefer ähneln äußerlich eher Murmeltieren

Merkwürdige Verwandte

In der Zoologie, also der Tierkunde, bilden die Elefanten eine eigene Ordnung, die Rüsseltiere. Kaum zu glauben, aber ihre nächsten lebenden Verwandten sind Schliefer und Seekühe, auch wenn diese ganz anders aussehen.

Schliefer sind kleine Pflanzenfresser, die Murmeltieren ähnlich sehen. Sie sind gesellig und bilden Kolonien oder Haremsgruppen. In steinigen und felsigen Buschlandschaften in Afrika und Teilen Asiens fühlen sich diese Boden-, Baum- und Höhlenbewohner wohl. Der Regenwald-Baumschliefer bevorzugt jedoch Regenwälder und ist lieber als Einzelgänger und selten am Boden unterwegs. Alle müssen sich vor Adlern, Pythons und Leoparden in Acht nehmen.

Die zweiten engen Verwandten, die Seekühe, nennt man auch Sirenen oder Manatis. Äußerlich ähneln sie Robben. Gesellig leben sie in tropischen Gewässern und ernähren sich hauptsächlich von Seegras und Sumpfpflanzen. Nur die Flussmanatis sind reine Süßwasserbewohner, die anderen drei Arten bewohnen vor allem Meeresküsten.

Weitere nahe Verwandte der Elefanten sind die beeindruckenden Seekühe (Fotos oben und links)

Aber wenn Elefanten, Seekühe und Schliefer einander wenig ähnlich sehen und so unterschiedlich groß sind, weshalb sagen die Forscher dann, sie seien miteinander verwandt? Weil sie alle von ein und demselben Vorfahren abstammen, der vor Jahrmillionen lebte. Nachweisen können Wissenschaftler das an Einzelheiten ihres Körperbaus, also ihrer Anatomie, sowie an ihren Genen, dem Erbgut.

Dass Elefanten und Schliefer verwandt sind, lässt sich an ihrem Erbgut nachweisen, den Genen

Asiatischer Elefant

Afrikaner oder Asiate?

Heute leben Elefanten in Afrika und Asien. Es gibt drei Arten: den Afrikanischen Elefanten, den mit ihm eng verwandten Waldelefanten sowie den Asiatischen Elefanten. Einige Forscher meinen, in Wäldern Zentralafrikas lebe sogar noch eine vierte Art, der Zwergelefant. Es gibt davon einige Fotos und viele Berichte, sichere Beweise fehlen aber.

Der Asiatische Elefant wird in vier Unterarten unterteilt: den Sri-Lanka-Elefanten, der auf der riesigen Insel Sri Lanka lebt, den Sumatra-Elefanten von Sumatra, den Indischen Elefanten, der über weite Teile des asiatischen Festlands verbreitet ist, und den zuvor schon erwähnten Borneo-Zwergelefanten von der Insel Borneo. Es ist jedoch umstritten, ob dieser wirklich eine eigene Unterart darstellt.

Diese extrem seltene Aufnahme zeigt eine Gruppe mutmaßlicher Zwergelefanten in Bangui in der Zentralafrikanischen Republik. Die Leitkuh hat eine Schulterhöhe von etwa 160 Zentimetern, das Jungtier von rund 60 Zentimetern.

Auch der Waldelefant lebt in Afrika

Der Afrikanische Elefant wird manchmal auch Steppenelefant genannt

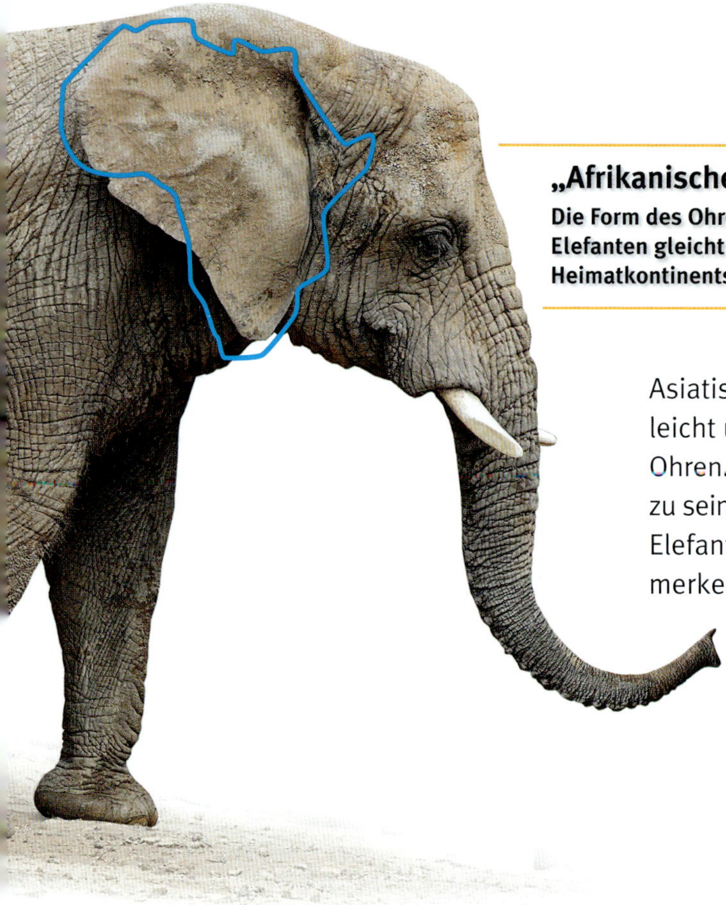

„Afrikanische Ohren“

Die Form des Ohres eines Afrikanischen Elefanten gleicht dem Umriss seines Heimatkontinents Afrika

Asiatische und Afrikanische Elefanten kannst Du sehr leicht unterscheiden, vor allem an Form und Größe der Ohren. Der Afrikanische Elefant hat nämlich im Verhältnis zu seinem Körper sehr viel größere Ohren als der Asiatische Elefant. Wir verraten Dir noch einen Trick, wie Du Dir gut merken kannst, um welche Art es sich handelt: Das Ohr des Afrikanischen Elefanten hat einen ähnlichen Umriss wie der Kontinent Afrika, auf dem er lebt.

Der höchste Punkt eines afrikanischen Elefanten sind die Schultern. Sein Rücken ist nach unten gewölbt, also konkav.

Es gibt aber noch viele weitere Unterschiede zwischen diesen beiden Arten. So ist der Afrikanische Elefant größer und schwerer. Er wiegt zwischen vier und sieben Tonnen, also fast so viel wie ein kleiner Schulbus! In Angola wurde sogar ein Elefant mit über zwölf Tonnen gewogen. Mit seinen längeren Beinen erreicht der Afrikanische Elefant eine Gesamthöhe zwischen drei und vier Metern. Der Asiatische Elefant dagegen bleibt bei einer Höhe von zwei bis dreieinhalb Metern etwas kleiner und wiegt in der Regel bis zu fünf Tonnen.

Der Afrikanische Elefant hat einen gleichmäßig gewölbten Kopf ohne Einsenkung, und der Rücken ist nach unten gewölbt. Dies nennt man Sattelrücken. Der Kopf des Asiatischen Elefanten hingegen hat zwei Höcker und eine Einsenkung an der Stirn. Sein Rücken ist nach oben gewölbt oder gerade. Durch diese unterschiedliche Form von Kopf und Rücken ergibt sich auch ein Unterschied, wo jeweils der höchste Punkt des Körpers liegt. Während beim Asiatischen Elefanten der höchste Punkt der Kopf ist, sind es beim Afrikanischen Elefanten die Schultern.

Der höchste Punkt eines Asiatischen Elefanten ist der Kopf. Sein Rücken ist nach oben gewölbt, was man konvex nennt.

Mit seiner Rüsselspitze kann dieser Afrikanische Elefant greifen wie mit einer Pinzette

Der Rüssel der Rüsseltiere und somit auch der Elefanten hat sich im Lauf der Evolution, also der Entwicklung über Jahrmillionen, aus Nase und Oberlippe gebildet. Er dient in erster Linie zum Riechen, Atmen und zum Ergreifen von Nahrung. Wenn Du genau hinschaust, wirst Du feststellen, dass auch die Rüssel von Afrikanischem und Asiatischem Elefanten nicht gleich sind. So hat der des Afrikanischen Elefanten mehr Ringe, ist weicher und biegsamer. An der Spitze liegen zwei fingerartige Fortsätze, mit denen er sogar eine Geldmünze vom Boden aufheben kann! Außerdem ist die Unterlippe des Afrikanischen Elefanten kurz und gerundet.

So viele!

Der Rüssel besteht größtenteils aus Muskeln, und zwar aus unvorstellbar vielen, nämlich 40 000, die wiederum aus 150 000 Muskelfasern bestehen!

Die Rüsselspitze des Afrikanischen Elefanten hat zwei fingerartige Fortsätze. Seine Unterlippe ist kurz und abgerundet.

Der Asiatische Elefant hingegen hat eine spitz zulaufende Unterlippe, und an seiner Rüsselspitze findest Du nur einen fingerartigen Fortsatz. Dennoch ist er genauso geschickt damit. Bei beiden Arten ist die Rüsselspitze mit hochsensiblen Nervenenden durchzogen, damit der Elefant genau weiß, was er da gerade betastet.

Der Rüssel dient nicht nur zum Greifen, sondern auch zum Riechen und Atmen. Hier siehst Du die Nasenlöcher.

In der Tabelle findest Du noch weitere Unterschiede:

	Afrikanischer Elefant	Asiatischer Elefant
Haare	stärker behaart, härtere Haare	weniger behaart, weichere Haare
Bauchlinie	verläuft in Richtung der Hinterbeine schräg nach unten	verläuft fast gerade oder in der Mitte durchhängend
Rippen	bis zu 21 Paare	bis zu 20 Paare
Backenzähne	Kaufläche mit rautenförmigen Spalten	Kaufläche mit eher ovalen oder geraden Spalten
Stoßzähne	bei Männchen und Weibchen vorhanden, beim Männchen größer	beim Männchen vorhanden, beim Weibchen gar nicht oder nur ganz klein
Haut	runzeliger	glatter
Zehennägel	meist vorne vier, hinten drei	meist vorne fünf, hinten vier

Der Asiatische Elefant hat nur an der Oberseite des Rüssels einen fingerartigen Fortsatz. Die Unterlippe läuft bei ihm spitz zu.

Der Waldelefant erreicht nur etwa 2,40 Meter Schulterhöhe und drei Tonnen Gewicht. Er ist also deutlich kleiner als der Afrikanische Elefant. Außerdem gut zu erkennen ist er an seinen Ohren, die viel runder sind als bei seinem Verwandten.

Die Füße der Elefanten müssen ein gewaltiges Gewicht tragen

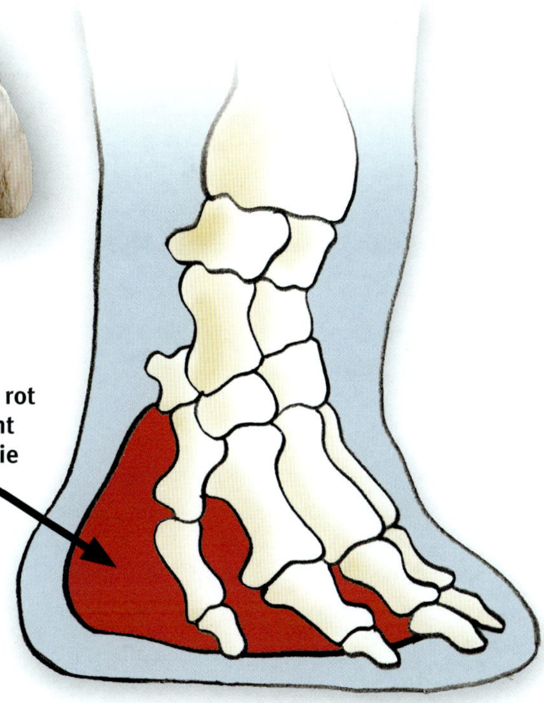

Das Kissen aus Bindegewebe (hier rot dargestellt) hilft dabei, das Gewicht besser zu verteilen, und es wirkt wie ein Stoßdämpfer

Auf großem Fuß

Schauen wir uns die Füße der Elefanten genauer an. Sie haben eine dicke, schützende Sohle aus Horn. Das ist das Material, aus dem auch Deine Haare, Finger- und Zehennägel bestehen. Die Sohlen sind von Furchen und Rippen durchzogen, sodass die Tiere sogar an steilen Berghängen Halt finden, ohne auszurutschen. Dasselbe Prinzip nutzen wir Menschen bei den Reifen von Fahrrad oder Auto. Wenn Elefanten ihre Füße belasten, spreizen sich die Zehen und der Fuß verbreitert sich, um das Gewicht besser zu verteilen. Ein dickes Polster aus Bindegewebe in der Sohle hilft dabei ebenfalls. Es wirkt zudem wie ein Stoßdämpfer.

Ganz schön flink!

Elefanten können sich nicht nur sehr leise fortbewegen, sondern auf kurzen Strecken auch sehr schnell. Sie erreichen Geschwindigkeiten von bis zu 40 Kilometern pro Stunde und sind damit schneller als jeder menschliche Sprinter!

Dieser junge Afrikanische Elefant nutzt seinen Fuß, um den Rüssel beim Greifen zu unterstützen

Wenn Du Gelegenheit hast, Fußabdrücke von Elefanten zu betrachten, wirst Du feststellen, dass der Umriss des Vorderfußes rund, der des Hinterfußes oval ist.

Die Knochen im Inneren des Fußes sind steil aufgerichtet, sodass die Elefanten sozusagen auf den Zehenspitzen laufen. Daher bezeichnet man sie auch als Zehenspitzengänger.

Das Rillenprofil auf der Sohle gibt dem Elefanten stets einen guten Halt

Primaballerinen

Hast du schon einmal versucht, Dich wie eine Primaballerina auf die Zehenspitzen zu stellen? Und dann auch noch so zu gehen? Für Elefanten ist dafür kein jahrelanges, hartes Training nötig. Ihr Fußaufbau ist so beschaffen, dass sie immer auf ihren Zehenspitzen gehen.

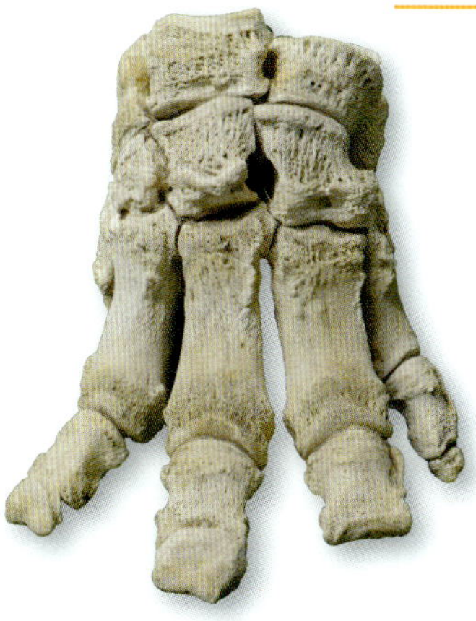

Das Skelett eines Elefantenfußes. Der Aufbau ist so beschaffen, dass die Tiere nur auf den Zehenspitzen laufen.

Spurlos

Erstaunlich ist, dass Elefanten trotz ihres enormen Körpergewichts kaum Spuren hinterlassen. Ihre säulenartigen Beine und der besonders aufgebaute Fuß helfen, das enorme Körpergewicht zu tragen und gleichmäßig zu verteilen. Bei einer Frau beispielsweise, die Schuhe mit dünnen, hohen Absätzen trägt, lastet wesentlich mehr Gewicht auf einem Quadratzentimeter Boden. Und das, obwohl der Elefant so viel mehr wiegt!

Trotz ihres enormen Gewichts laufen Elefanten sehr leise, weil die Fußsohlen gut gepolstert sind

Mächtige Zähne

Ein Elefant besitzt jeweils einen funktionsfähigen Backenzahn in jeder Ober- und Unterkieferhälfte. Somit befinden sich insgesamt vier Backenzähne im Maul. Mit der Zeit entwickeln sich dahinter jedoch neue Backenzähne. Du kannst Dir das wie bei einem Förderband vorstellen: Die neuen Zähne werden nach vorne geschoben, und die alten, abgenutzten Zähne brechen ab.

Die Stoßzähne der Elefanten sind wahre Multifunktions-Werkzeuge

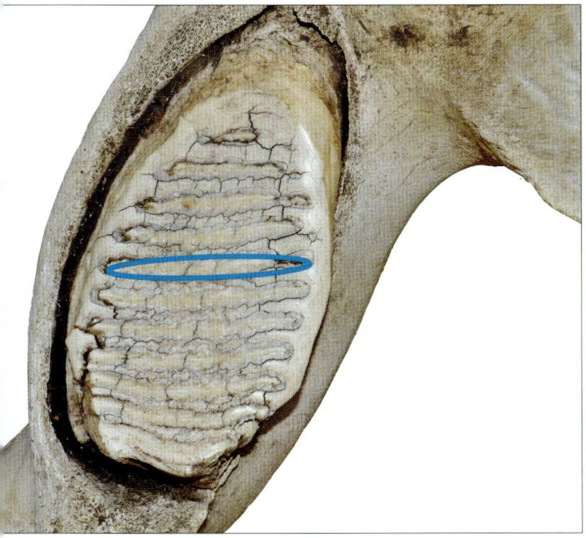

Hier erkennst Du deutlich die ovalen oder geraden Spalten auf der Kaufläche des Backenzahns eines Asiatischen Elefanten

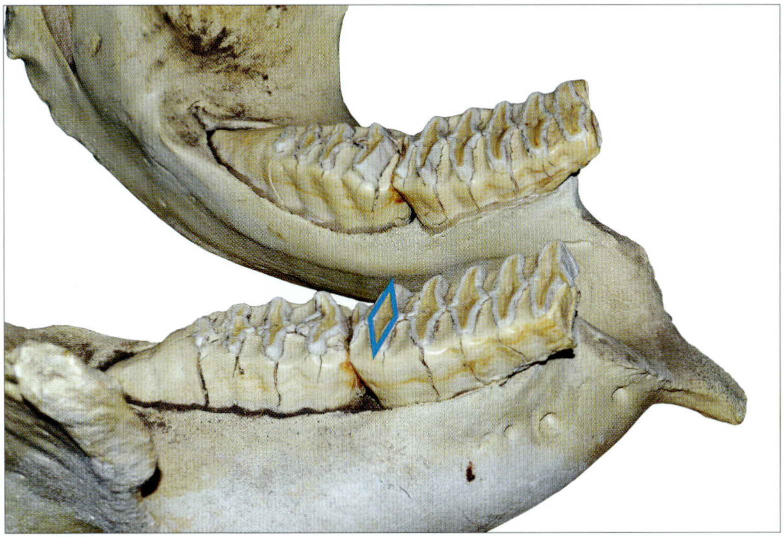

Beim Afrikanischen Elefanten dagegen sind diese Spalten rautenförmig

Bruchstücke davon spucken Elefanten aus oder verschlucken sie zusammen mit der Nahrung. Der letzte Zahnwechsel passiert, wenn der Elefant etwa 40 Jahre alt ist. Das sind dann bereits die sechsten Backenzähne. Danach wachsen keine neuen Backenzähne mehr nach, aber die letzten halten noch etwa 20 Jahre. Wenn der Elefant allerdings so alt wird, dass auch diese letzten Zähne abgenutzt und unbrauchbar sind, muss er verhungern. Denn er kann seine Nahrung dann ja nicht mehr kauen.

Mit den Backenzähnen kaut der Elefant seine Nahrung

Außer den Backenzähnen kennst Du sicher noch den zweiten Zahntyp der Elefanten, die Stoßzähne. Das sind eigentlich verlängerte Schneidezähne. Zwei Drittel davon sind sichtbar, das restliche Drittel liegt im Kopf. Die Stoßzähne wachsen jedoch, anders als die Backenzähne, ein Leben lang. Benutzt werden sie als Werkzeug und zur Verteidigung. Elefanten graben mit den Stoßzähnen nach Wasser oder Mineralstoffen im Boden und schälen mit ihnen Rinde von Bäumen. Bei Kämpfen nutzen sie diese mächtigen Waffen zum Angriff oder zur Abwehr. Manchmal gebrauchen sie ihre Stoßzähne aber auch, um sich abzustützen und ihren Rüssel zu entlasten, indem sie ihn darauflegen.

Links- und Rechtszähner

Wie bei uns Menschen Links- und Rechtshänder, gibt es bei Elefanten Links- und Rechtszähner. Du kannst gut an den Stoßzähnen erkennen, ob der Elefant lieber den rechten oder linken als Werkzeug benutzt: Der bevorzugte Zahn zeigt mehr Gebrauchsspuren und ist etwas kürzer. Man nennt diesen bevorzugt benutzten Stoßzahn Mastertask.

Zahnlos

Elefanten in Asien und in Afrika werden leider nach wie vor wegen ihrer Zähne, des Elfenbeins, abgeschossen. Bei Asiatischen Elefanten hat diese Wilderei neben der Gefahr der Ausrottung noch einen weiteren Effekt. Weil Wilderer vor allem große Männchen mit langen Stoßzähnen erlegen, pflanzen sich überwiegend solche mit kleinen oder gar keinen Stoßzähnen fort. Dies hat zur Folge, dass sich auch bei deren Nachwuchs genetisch bedingt die Stoßzähne nicht mehr ausbilden. Solche zahnlosen Elefanten nennt man Muknas.

Aus Elefantenzähnen, dem sogenannten Elfenbein, werden solche Kunstgegenstände geschnitzt. Sind sie es wirklich wert, dass dafür Elefanten getötet werden?

Bei einem Afrikanischen Elefanten kann ein Stoßzahn über 100 Kilogramm wiegen und bis zu vier Meter lang sein, also doppelt so lang wie ein außergewöhnlich großer Mensch und einiges schwerer als die meisten Erwachsenen. Das sind aber eher Ausnahmen, normalerweise sind die Stoßzähne kleiner und leichter. Beim Asiatischen Elefanten bleiben die Stoßzähne mit 2,70 Metern Länge eher kürzer und wiegen bis 70 kg.

Dickhäuter

Elefanten nennt man auch Dickhäuter, aber in Wirklichkeit ist ihre Haut unterschiedlich dick. An den dicksten Stellen misst sie zweieinhalb bis drei Zentimeter. Hinter den Ohren und um das Maul herum ist sie allerdings viel dünner. Jedoch selbst an den dicksten Stellen spüren die Tiere jede einzelne Fliege, die sich auf ihnen niederlässt.

Normalerweise haben Elefanten eine gräuliche Haut. Da sie sich aber mit Bodengrund bewerfen, um ihre Hautparasiten loszuwerden und sich vor der Sonne zu schützen, scheinen manche braun oder sogar rötlich zu sein. Es gibt nämlich bestimmte Regionen mit rotem Sand oder roter Erde.

Wie gut können Elefanten sehen?

Die Augen der Elefanten sind im Verhältnis zu ihrem großen Körper erstaunlich klein. Sie können zwar Formen erkennen, Farben aber nicht so gut. Generell verlassen sie sich mehr auf ihre anderen, besser ausgebildeten Sinne, vor allem das hervorragende Gehör und den feinen Geruchssinn.

Nur am Rand der Zehennägel besitzen Elefanten Schweißdrüsen. Daher können sie nicht wie wir Menschen am ganzen Körper schwitzen. Sie brauchen also andere Methoden, um sich abzukühlen. In ihren Ohren befinden sich lange Adern, durch die das Blut läuft. Wenn sie mit ihren Ohren wedeln, kühlt sich das Blut ab und wird dann im ganzen Körper verteilt. Besonders, wenn sie gerade nass sind, weil sie aus dem Wasser kommen, bringt das Wedeln mit den Ohren auch äußerlich eine Abkühlung: wie wenn Du Dir selbst bei schweißnasser Haut Luft zufächelst.

Nahaufnahme der Haut eines Afrikanischen Elefanten

Da der Bodengrund, mit dem Elefanten ihre Haut vor Sonne und Insekten schützen, unterschiedlich gefärbt sein kann, gibt es auch bei den Elefanten unterschiedliche „Farbtypen“. Links: grauer Elefant. Mitte: roter Elefant. Rechts: brauner Elefant.

Zu Hause in Asien und Afrika

Eine Elefantenkuh mit ihrem Nachwuchs im Krüger-Nationalpark in Afrika

Ein Jungtier aus dem Addo-Elefanten-Nationalpark

Wie Du den Afrikanischen und den Asiatischen Elefanten unterscheiden kannst, weißt Du jetzt. Aber wo genau leben sie eigentlich? Schauen wir uns zunächst einmal die Heimat des Afrikanischen Elefanten genauer an. Früher war diese Art vom Norden bis in den Süden Afrikas weit verbreitet. Heute dagegen ist ihr Verbreitungsgebiet viel kleiner geworden. Der Afrikanische Elefant lebt aktuell vor allem in verschiedenen geschützten Nationalparks südlich der Sahara. Am bekanntesten sind der Krüger-Nationalpark im Osten von Südafrika sowie der Addo-Elefanten-Nationalpark weiter südlich bei Port Elizabeth, der gleichzeitig die südlichste Verbreitung ist.

Der Waldelefant ist nur in Westafrika und im Kongobecken in Zentralafrika beheimatet. An den Verbreitungsgrenzen zum Steppenelefanten, wie der Afrikanische Elefant auch genannt wird, gibt es fließende Übergänge und Mischlingspopulationen.

Der Gesamtbestand an Elefanten in Afrika wird auf bis zu 415 000 Tiere geschätzt, wobei davon der größte Anteil in Südafrika lebt. Solange Wasser, Schatten und ausreichend Futter vorhanden sind, können sie in verschiedenen Lebensräumen vorkommen. Dies schließt zwar eigentlich die Wüste aus, aber dennoch gibt es eine große Gruppe Steppenelefanten in der Namibwüste. Durch spezielle Anpassungen an diesen schwierigen Lebensraum kommen die Tiere dort gut zurecht.

Obwohl Elefanten das Flachland bevorzugen, haben einzelne Gruppen auch Gebirge besiedelt.

Manche Elefanten bewohnen extrem karge Gebiete und müssen mit den dort herrschenden extremen Bedingungen zurechtkommen

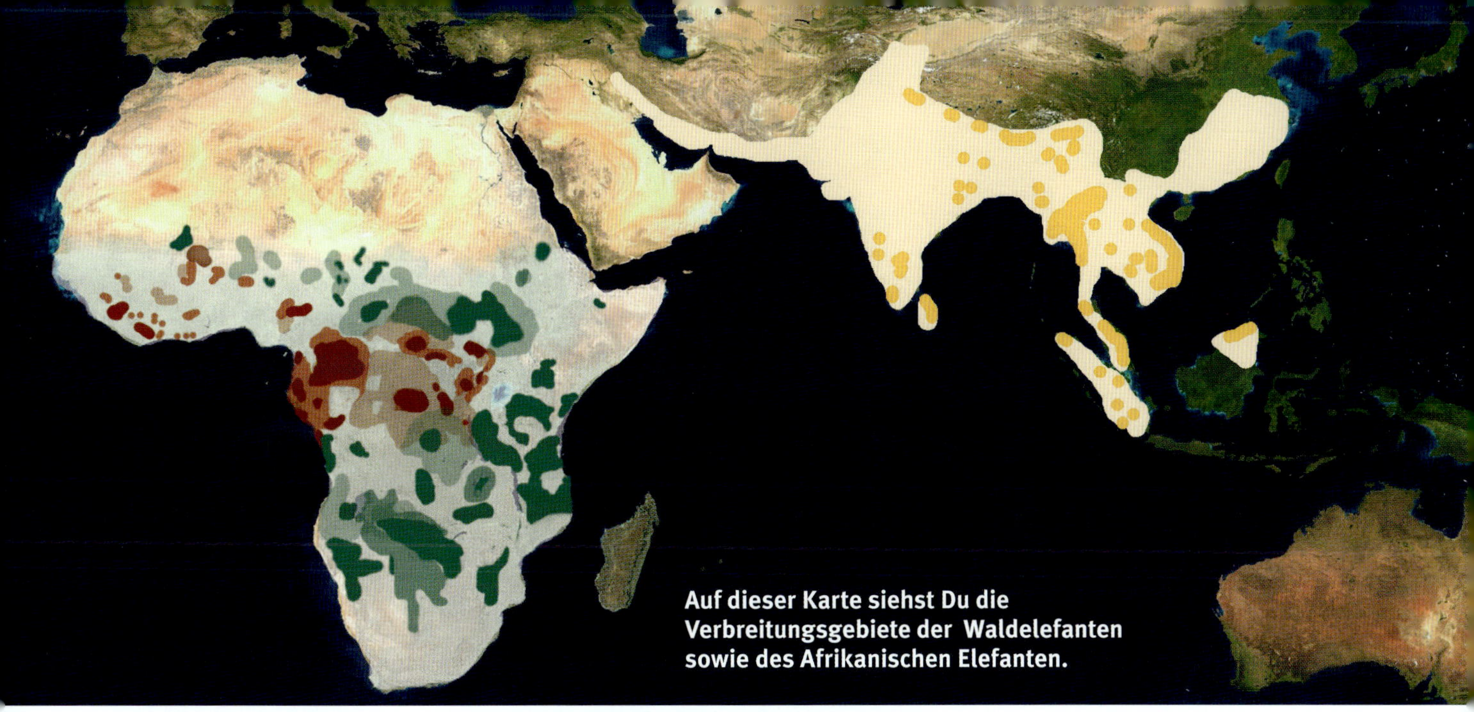

Auf dieser Karte siehst Du die Verbreitungsgebiete der Waldelefanten sowie des Afrikanischen Elefanten.

Verbreitung Waldelefanten:

- Vorhanden
- möglicherweise noch vorhanden
- möglicherweise ausgestorben

Verbreitung Afrikanische Elefanten:

- Vorhanden
- möglicherweise noch vorhanden
- möglicherweise ausgestorben

- Elefanten in Asien Anfang des 20. Jahrhunderts
- Elefanten in Asien Anfang des 21. Jahrhunderts

Beim Asiatischen Elefanten hat sich die ursprüngliche Verbreitung ebenfalls enorm verkleinert. Früher war er in weiten Teilen Asiens flächendeckend zu finden. Sein Vorkommen erstreckte sich vom Süden und Südosten Asiens bis ins östliche China und von der nördlichen Küste des Arabischen Meeres bis an die Grenzen von Iran und Irak. Heute lebt die Art nur noch in einzelnen Gebieten Süd- und Südostasiens. Der Bestand an Asiatischen Elefanten in der Natur ist gefährdet, und teilweise sind sie nur noch in Schutzgebieten zu finden. Forscher schätzen, dass es nur noch 48 000 bis 52 000 Exemplare gibt. Die meisten davon leben in Indien.

Strenger Schutz

Weil die Elefanten Afrikas gefährdet sind und der Asiatische Elefant sogar stark gefährdet ist, sind sie streng geschützt. Der Sumatra-Elefant ist inzwischen sogar vom Aussterben bedroht. Elefanten dürfen daher international nicht verkauft werden, auch keine Produkte beispielsweise aus ihren Zähnen oder ihrer Haut.

Ein Leben in der Herde

Mit etwa 20 Jahren hat sich ein Elefant den Großteil seiner Körpermasse angefuttert, doch er wächst ein Leben lang. Den Höhepunkt seiner Leistungsfähigkeit erreicht er mit 30 bis 35 Jahren. Elefanten in der Natur werden 50 bis 60 Jahre alt, im Zoo sogar noch älter. Generell werden Asiatische Elefanten älter als Afrikanische. Da große Elefanten praktisch keine natürlichen Feinde haben, ist ihre Todesursache meist, dass sie verhungern, wenn ihre letzten Backenzähne abgenutzt sind und sie ihre Nahrung nun kaum noch zerkleinern und verwerten können.

Elefanten sind sehr sozial und leben meist in Herden. Die enge Verbundenheit in einer solchen Herde bleibt sogar über den Tod hinaus bestehen: Oft wurde beobachtet, dass Elefanten die Orte, an denen ein Mitglied ihrer Herde gestorben ist, immer wieder auf ihren Wanderungen besuchen. Sie streicheln mit ihren Rüsseln über die Knochen und betasten dort alles. Nachdem sie hier eine Zeitlang verweilt haben, ziehen sie weiter ihres Weges.

Angeführt wird eine Herde gewöhnlich von der Matriarchin. Das ist ein älteres, erfahrenes Weibchen, das eine Familiengruppe aus mehreren Generationen anführt. Eine solche Herde umfasst in der Regel acht bis 15 Tiere.

Elefanten leben meist in Herden, wie diese Afrikanischen Elefanten mit ihren Jungen

Uralt!

Der älteste Elefant, von dem wir wissen, starb im Zoo von Taipeh in Taiwan mit 86 Jahren.

Neben der Matriarchin befinden sich darunter säugende Elefantenkühe mit ihrem Nachwuchs, andere ausgewachsene Weibchen sowie schon halbwüchsige Junge. Es leben also überwiegend weibliche Tiere in so einer Gruppe.

Junge Männchen, man nennt sie auch Bullen, bleiben nur eine gewisse Zeit in der Herde. Sobald die jungen Bullen mit etwa zehn Jahren geschlechtsreif werden, also selbst Junge zeugen können, verlassen sie ihre Geburtsherde. Wenn ein Familienverband zu groß wird, schließen sich mehrere jüngere Kühe zu einer eigenen Herde zusammen. In Zeiten mit hohem Nahrungsangebot können sich aber auch mehrere Gruppen zu einer größeren Herde vereinigen.

Vielzweck-Werkzeug

Der Rüssel ist Elefanten bei verschiedenen Tätigkeiten eine große Hilfe. Sie benutzen ihn als Schnorchel zum Luftholen, um sich Wasser ins Maul zu spritzen oder den Körper zum Schutz mit Lehm zu besprühen. Außerdem ergreifen sie damit Nahrung und führen sie zum Maul, drohen Feinden und wehren sie ab, begrüßen Artgenossen, erzeugen Laute wie das typische „Töröóö“ und pflegen ihren Körper. Der Rüssel dient ihnen aber auch zum Tragen oder Schieben von Gegenständen, zum Befreien der Jungtiere aus Gefahrensituationen und vielem mehr. Du siehst also, dass ein Elefant ohne seinen Rüssel ganz schön aufgeschmissen wäre!

Wasser ist nicht nur zum Trinken überlebenswichtig, sondern Elefanten wie diese Exemplare aus Asien baden auch sehr gerne darin

Weite Wanderungen

Um ihren großen Nahrungsbedarf decken zu können, müssen Elefanten in vielen Regionen weite Wanderungen auf sich nehmen. Dabei sind sie auf Stellen angewiesen, an denen es Wasser gibt. Diese kennt die Leitkuh einer Gruppe, die Matriarchin, genau und führt ihre Familiengruppe dorthin. In Gebieten, in denen es das ganze Jahr über regnet und die Nahrung schnell wieder nachwächst, sind solche weiten Wanderungen dagegen nicht nötig.

Auf ihren Wanderungen legen afrikanische Steppenelefanten in Afrika pro Tag etwa 15 bis 30 Kilometer zurück. Das ist so, als würdest Du 90 Mal um ein Fußballfeld herumlaufen! Die Elefanten durchstreifen dabei oft riesige Reviere von 750 bis 1 600 Quadratkilometern.

Wasserstellen können Elefanten bis zu neun Kilometer weit riechen. Sie sind aber nicht nur zum Trinken wichtig, sondern die Tiere baden darin auch ausgiebig. Sind die Wasserlöcher groß und tief genug, tauchen Elefanten sogar fast komplett unter. Nur der Rüssel schaut dann noch heraus, den sie als Schnorchel benutzen.

In kargen Regionen legen Afrikanische Elefanten weite Strecken zurück, auf der Suche nach Wasser und frischer Nahrung

Baden macht schon den Jungtieren einen Riesenpaß!

Elefanten sind übrigens richtig gute Schwimmer und können weite Strecken im Wasser zurücklegen. Sie toben und planschen wie kleine Kinder im Wasser herum und kühlen so ihren Körper ab. Sie saugen Wasser und Schlamm in ihren Rüssel, um damit ihren Körper zu besprühen und die Jungtiere abzuduschen. Anschließend bewerfen sich die Elefanten mit Erde, Schlamm, Lehm oder Staub, um ihre empfindliche Haut vor Insekten und der Sonne zu schützen.

Elefantenfriedhöfe

Es wird oft behauptet, dass Elefanten spüren, wenn sie bald sterben werden, und dass sie dann zu sogenannten Elefantenfriedhöfen gehen. Das stimmt aber so nicht. Vielmehr ist inzwischen bekannt, dass Elefanten vor ihrem Tod deshalb bestimmte Orte aufsuchen, weil es dort eine besondere Nahrung gibt. Denn wie Du schon weißt, nutzen sich mit dem Alter ihre letzten Backenzähne ab. Daher sind alte Elefanten auf Stellen mit sehr weicher Nahrung angewiesen. Wenn sie dort schließlich sterben, sammeln sich mit der Zeit immer mehr Skelette an. Das nennt man dann einen Elefantenfriedhof.

Hautschutz ist für Elefanten sehr wichtig

Sie nehmen Staub auf ...

... und schleudern ihn sich über den Rücken

Auch der Bauch bekommt eine Portion ab. Der Staub schützt vor Hautparasiten und der Sonne.

Auf den langen Wanderungen und der Suche nach Nahrung nehmen sich Elefanten nicht nur Zeit fürs Waschen, die Liebeswerbung und die familiären Kontakte, sondern natürlich auch fürs Schlafen. Vor der ersten Morgendämmerung legt eine Herde dafür eine mehrstündige Ruhepause ein, und etwas später am Tag, wenn die Sonne am heißesten scheint, dösen die Tiere im Schatten von Bäumen. Sind keine Bäume vorhanden, spenden die erwachsenen Elefanten den Jungtieren mit ihren Körpern Schatten. Während sich die Kleinen hinlegen und schlafen, hält mindestens ein Herdenmitglied Wache. Die Großen ruhen meist im Stehen, legen sich aber ebenfalls komplett auf die Seite, wenn sie sich sicher fühlen, und schlafen zwischen zwei und vier Stunden. Oft stehen sie zwischendurch auf, um die Position zu wechseln oder sich die Beine zu vertreten. Beim Schlafen wird lautstark gegrunzt und sogar geschnarcht. Solltest du jemals neben einem Elefanten schlafen, dann nimm Dir lieber Ohrenstöpsel mit!

Im Schutz der wachsamen Mutter kann dieses Jungtier in Ruhe schlafen

Einzelgänger

Wenn Elefantenbullen ihre Geburtsherde verlassen, schließen sie sich entweder zu sogenannten Junggesellengruppen zusammen oder streifen alleine durch die Gegend. Junggesellengruppen bestehen meistens nur aus heranwachsenden männlichen Elefanten. Die jüngeren Bullen gehen bei den ranghöheren Bullen sozusagen in die Lehre und erlernen die nötigen Verhaltensweisen. Erwachsene Bullen sind meist als Einzelgänger unterwegs.

Besonders die aufgestellten Ohren zeigen: Dieser Afrikanische Elefant ist ganz schön sauer! Jetzt solltest Du ihm auf keinen Fall zu nahe kommen.

Die Mutter und ihr Junges halten durch Laute und Körpersprache stets Kontakt zueinander und zur Herde

Trompeten, Pfeifen, Ohrenschütteln

Auf ihren Wanderungen halten Elefanten Kontakt miteinander. Sie verständigen sich über Infraschall – was das ist, verrät Dir die schlaue Eule Xabi im Kasten rechts. Aber auch durch andere Geräusche und die Körperhaltung können sie sich „unterhalten". Neben Trompetentönen und Pfiffen geben sie ein Kollern von sich, ein Geräusch, das an einen Schiffsmotor erinnert.

An der Stellung von Ohren und Rüssel kannst Du gut die Laune eines Elefanten einschätzen. Ein schlaff hängender Rüssel und leicht wedelnde Ohren zeigen ein kleines Nickerchen an. Durch Zurückklatschen der Ohren an den Körper ruft die Mutter ihr Junges an ihre Seite. Weit aufgeklappte Ohren und ein erhobener Rüssel hingegen zeigen an, dass der Elefant aufgeregt ist oder droht. Einen drohenden Elefanten erkennst Du auch daran, dass er den Kopf schüttelt, vorwärts geht oder läuft und den Rüssel aufschlägt. Derart aufgebrachten Elefanten solltest Du beispielsweise auf einer Safari besser aus dem Weg gehen und sie in Ruhe lassen.

Was für ein Schall?

Elefanten verständigen sich unter anderem durch Infraschall miteinander. Das sind sehr tiefe Töne, die wir mit unserem menschlichen Gehör nicht mehr wahrnehmen können, da sie unterhalb unseres Hörbereichs liegen. Wichtig für die Elefanten ist, dass der Infraschall sehr weit durch die Luft trägt. Sogar auf Entfernungen von bis zu zehn Kilometern können Elefanten sich daher Botschaften zukommen lassen.

Elefantenpupse

Erstaunlich ist, wie viel Gas ein einziger Elefant bei seiner Verdauung freisetzt. Durch Rülpsen und Pupsen kommen pro Tag 2 000 Liter Methan aus ihm heraus.

Nahrung ist hier knapp. Darum zeigt dieser Afrikanische Elefant einiges an Akrobatik, um an die Blätter im Baum heranzukommen. Sein langer Rüssel hilft ihm dabei wesentlich.

Jede Menge grüne Nahrung

Mit dem Rüssel ergreifen Elefanten ihre Nahrung und führen sie zum Maul

So große Tiere haben natürlich einen enormen Appetit. Sie verbringen jeden Tag bis zu 18 Stunden damit, Nahrung zu suchen und zu fressen. Bis zu 150 Kilogramm benötigt ein ausgewachsener Elefant am Tag! Elefanten sind reine Pflanzenfresser und ernähren sich von Gräsern, Blättern, Knollen, jungen Ästen oder Früchten. Oft zerstören sie dabei die Vegetation, also die Pflanzenwelt. Sie knicken Äste ab oder stürzen ganze Bäume um. Von größeren Bäumen schälen sie mit Stoßzähnen und Rüssel auch gerne die Rinde ab. Du kannst an solchen Spuren in der Natur also sehr gut erkennen, wo ein oder mehrere Elefanten geschmaust haben.

Elefanten zerstören ihre Umgebung aber nicht nur, sondern sie tragen auch dazu bei, dass wieder neue Pflanzen wachsen können. Bei so viel Grünfutter am Tag kommen etwa 70 Kilogramm Elefantendung wieder heraus, also etwa so viel, wie ein erwachsener Mensch wiegt. Bis zu 18 Mal am Tag muss ein Elefant seinen Kot absetzen. Da Elefanten ihre Nahrung sehr schlecht verwerten und rund die Hälfte davon unverdaut wieder herauskommt, befinden sich darin auch Samen, die auskeimen. Zudem freuen sich andere Tiere über den Elefantendung, denn darin finden sie noch allerhand, was sie fressen können. Klingt vielleicht eklig, aber in der Natur wird nichts verschwendet.

Aus Kot entsteht neues Leben

Viele Insekten, beispielsweise Pillendreher, fressen den Elefantendung oder legen darin ihre Eier ab und verteilen ihn dabei in der Landschaft. Dadurch können wieder neue Pflanzen wachsen, denn der Kot wirkt als Dünger und enthält außerdem oft noch unverdaute Samen.

Links und oben siehst Du, wie Asiatische Elefanten an einer sogenannten Salzlecke Erde fressen, die wichtige Mineralstoffe enthält

So viel Wasser!

Elefanten nehmen Wasser mit ihrem Rüssel auf. Sie saugen beinahe den ganzen Inhalt eines 10-Liter-Eimers auf einmal in den Rüssel und spritzen sich das Wasser dann in ihr Maul.

Beim Trinken saugt der Elefant große Mengen Wasser in den Rüssel und spritzt sie sich dann ins Maul

Neben der notwenigen Nahrung brauchen Elefanten auch sehr viel Wasser. Wo es sehr heiß ist, müssen sie mindestens einmal täglich trinken. Dabei nehmen sie zwischen 150 und 200 Liter auf, also so viel, wie in 15 bis 20 Putzeimer passt!

Wenn Elefanten in der Trockenzeit keine offenen Wasserstellen finden, kennen sie genau die Stellen, an denen sie Löcher ausheben müssen, um an Grundwasser heranzukommen. Mit den Füßen, dem Rüssel und den Stoßzähnen graben sie in ausgetrockneten Flussbetten und gelangen so an Wasser.

Um ihren Bedarf an Mineralstoffen zu decken, der für ihre Gesundheit nötig ist, suchen sie oft „Salzlecken" auf. Das sind Stellen, an denen der Boden die nötigen Salze und Mineralstoffe enthält, die in ihrer Pflanzennahrung fehlen. Die Elefanten brechen also entsprechende Brocken aus den Salzlecken und fressen sie. Beispielsweise vom Berg Elgon in Kenia ist sogar bekannt, dass Elefanten sich in dunkle Höhlen vorwagen, in denen sie Mineralstoffe finden.

Papier aus Elefantendung

Ja, Du hast richtig gelesen: Der Kot von Elefanten enthält jede Menge Pflanzenfasern, und daraus kann man Papier herstellen. Keine Sorge, das Papier stinkt nicht ...

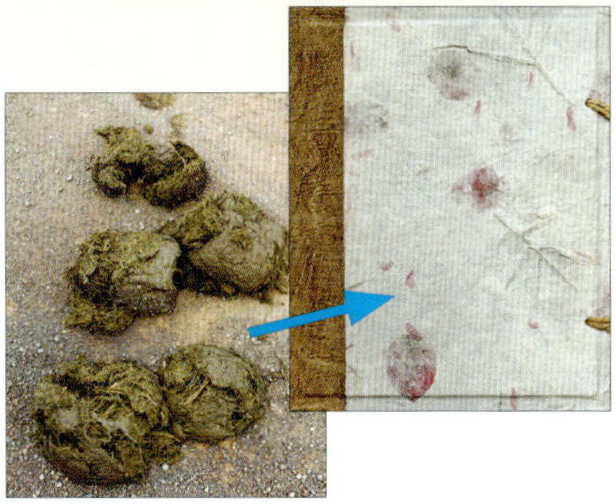

Elefantenmütter kümmern sich aufmerksam um ihr Baby und beschützen es

Fürsorgliche Mütter

Elefanten wachsen sehr langsam heran. Meistens bekommen junge Elefantenkühe ab einem Alter von zwölf Jahren zum ersten Mal Junge. Die Tragzeit, also die Zeit, in der das Baby im Bauch heranwächst, dauert in der Regel 20 bis 24 Monate, meistens jedoch 22 Monate, also fast zwei Jahre.

Kurz vor der Geburt sondert sich die werdende Mutter meist ein wenig von der Gruppe ab. Sobald es losgeht, spreizt sie die Hinterbeine und geht in die Hocke. Dadurch fällt das Baby nicht so tief, sodass es sich nicht verletzt. Normalerweise kommt der Nachwuchs mit den Hinterbeinen zuerst auf die Welt. Manchmal helfen auch erfahrene Kühe aus der Herde bei der Geburt, indem sie die Mutter beruhigen und dem Jungtier aus der Fruchtblase oder beim Aufstehen helfen.

Meistens wird nur ein Jungtier geboren. Zwillingsgeburten sind äußerst selten. Das Jungtier ist in der Regel etwa einen Meter groß und wiegt zwischen 80 und 120 Kilogramm. Es steht spätestens nach einer halben Stunde bereits auf seinen eigenen vier Beinen und sucht nach einer Zitze der Mutter, um zu trinken. Hat das Baby eine der zwei Zitzen gefunden, die zwischen den Vorderbeinen an der Brust der Mutter liegen, trinkt es gierig die ersten Schlucke Milch mit dem Maul – nicht mit dem Rüssel. Die frisch geborenen Kleinen wissen mit ihrem Rüssel nämlich noch nichts anzufangen. Erst mit der Zeit lernen junge Elefanten, ihn zu gebrauchen und richtig damit umzugehen.

Das Baby trinkt an der Mutterbrust

Ist dieses Baby des Asiatischen Elefanten nicht süß?

Ein Warzenschwein hat die Neugier dieses kecken jungen Afrikanischen Elefanten geweckt

Die Milch der Elefantenkühe ist sehr fetthaltig und so nahrhaft, dass ein Jungtier bald ein bis zwei Kilogramm pro Tag an Körpergewicht zulegt. Das ist so viel wie ein bis zwei Tüten Milch. Das Baby trinkt mehrmals täglich und wird ein bis zwei Jahre lang gesäugt, manchmal sogar noch länger. Dies fördert auch die Bindung zwischen Mutter und Jungem. Bei weiblichem Nachwuchs kann diese Bindung sogar das ganze Leben anhalten.

Jedoch kümmert sich nicht nur die Mutter um ihren Nachwuchs, sondern fast alle aus der Herde. Sie passen mit auf und erziehen auch mit. Besonders die Tanten, die Schwestern des Muttertiers, entlasten die Mutter und haben ein Auge auf das Junge. Sie treiben es aus dem Wasser, wenn die Gruppe weitermarschieren will, und helfen ihm aus Gefahrensituationen. Nicht selten bleibt ein Jungtier beispielsweise in einem Schlammloch stecken und kommt ohne Hilfe nicht alleine heraus.

Da in einer Herde meist mehrere Mütter mit ihren Babys unterwegs sind, haben alle viel zu tun mit der Jungtieraufzucht. Die Babys wachsen im Schutz der Herde heran. Sie werden von allen umsorgt und liebkost. Stellen sie jedoch zu viel Unsinn an, werden sie gerügt. Im Lauf der Jahre werden die Kleinen immer selbstständiger und entfernen sich auch einmal von ihren Müttern. Sie kehren aber genauso schnell wieder zurück. Der weibliche

Dieses im Zoo geborene Asiatische Elefantenbaby ist gerade einmal ein paar Stunden alt

Der junge Afrikanische Elefant weicht seiner Mutter nicht von der Seite

Nachwuchs bleibt meist ein Leben lang in seiner Geburtsherde und bringt dort seine eigenen Jungen zur Welt.

Wie Du gesehen hast, kümmert sich die Elefantenmutter sehr fürsorglich um ihr Junges. Wegen ihrer Mutterrolle ist sie nicht direkt wieder bereit, weitere Junge zu bekommen. Daher vergehen oft meist vier Jahre, bis eine Elefantenkuh das nächste Jungtier zur Welt bringt. Wenn der Mensch die Tiere stresst, beispielsweise durch Jagd, Bauprojekte oder Massentourismus, aber auch wenn Dürrezeiten herrschen, können die Pausen zwischen den Geburten sogar noch länger sein.

Die Väter der Jungen sind meist die großen, älteren Bullen, die über 35 Jahre alt sind. Jüngere und rangniedrigere Bullen dagegen müssen abwarten. Oft kommt es zu Kämpfen zwischen den Bullen um die Weibchen. Vieles von dem aggressiven Getue, Imponiergehabe und Getöse ist allerdings nur heiße Luft. Ernsthafte Verletzungen kommen selten vor und passieren oft nur aus Versehen. Manchmal können die Auseinandersetzungen aber auch sehr brutal sein.

Zwei Elefantenbullen in der afrikanischen Steppe klären, wer der Stärkere ist

Aggressiv durch Hormone

Hormone sind Substanzen im Blut von Menschen und Tieren, die viele Körperfunktionen und Verhaltensweisen steuern. Eines davon ist Testosteron, das vor allem bei Männchen gebildet wird. In unregelmäßigen Abständen produzieren Elefantenbullen besonders viel Testosteron. Dieser Zustand, den man Musth (sprich: Mast) nennt, kann nur einige Tage oder mehrere Wochen oder sogar Monate anhalten. Die Tiere sind dann sehr aggressiv und können andere Tiere oder im Zoo ihren Pfleger angreifen, ja sogar weibliche Elefanten. Zu erkennen ist die Musth daran, dass dem Bullen aus Drüsen an den Schläfen ein dickflüssiges Sekret austritt. Außerdem tröpfeln sie Urin, um ihr Territorium zu markieren.

Die Musth bei Elefantenbullen ist bis heute nicht hundertprozentig erforscht. Es scheint jedoch, dass die Länge der Musth eines Bullen mit seinem Ernährungszustand zusammenhängt. Ist ein Bulle gut genährt, dauert sie länger.

Das Sekret, das an der Schläfe dieses mächtigen Bullen des Afrikanischen Elefanten herunterläuft, zeigt an, dass er sich im Zustand der Musth befindet

oben: Wenn Gefahr droht, nimmt die Herde ihre Jungtiere in die Mitte
unten: Wilderer haben einen Afrikanischen Elefanten erlegt

Bedrohte Riesen

Elefanten haben nicht viele natürliche Feinde. Das liegt daran, dass sie selber sehr groß, stark und massiv gebaut sind. Auch ihre Lebensweise in der Herde trägt dazu bei, dass es kaum andere Tiere gibt, die sich trauen, sich mit ihnen anzulegen. Nur Großkatzen wie Löwe und Tiger nehmen manchmal die Gefahr auf sich und machen Jagd auf Jungtiere.

Andere Faktoren bedrohen Elefanten jedoch viel stärker, und diese Faktoren macht der Mensch. So sind bei Wilderern vor allem ausgewachsene Bullen mit langen Stoßzähnen heißbegehrt. In Afrika schrumpfte die Population durch den Abschuss von mehreren Millionen Tieren auf unter 500 000. Der internationale Handel mit Elfenbein ist zwar seit 1989 verboten, aber bis heute ist die Wilderei leider immer noch nicht ganz verschwunden. Nicht nur wegen des Elfenbeins werden Elefanten illegal getötet. Sie gelten auch als Trophäen, und ihre Körperteile werden gewinnbringend vermarktet, zum Beispiel zu Hockern oder Tischen aus Elefantenfüßen. Nicht einmal vor Müttern mit Jungtieren machen die Wilderer Halt. Wird die Mutter getötet, so hat auch das Jungtier kaum Überlebenschancen.

„Wir haben hier das Sagen!“ Vor den mächtigen Afrikanischen Elefanten nehmen die Löwen lieber Reißaus.

Neben der Wilderei gefährdet vor allem die Zerstörung ihrer Lebensräume das Überleben der Elefanten. Die Menschen breiten sich immer weiter aus, weil sich die Bevölkerung seit Beginn des 20. Jahrhunderts in Asien und Afrika fast verdoppelt hat. Sie brauchen mehr Platz und dringen daher auch in den Lebensraum der Elefanten ein. Für die Elefanten wichtige Futterstellen werden gerodet, Wälder und Savannen müssen Acker- und Weideland weichen. Weil dann die natürlichen Nahrungsquellen fehlen, sind die Elefanten gezwungen, das neue Futterangebot zu nutzen, das sich ihnen beim Menschen bietet. Dabei reißen sie Zäune ein und verwüsten die Felder auf der Suche nach Nahrung. Dies wiederum beschert den Menschen Ernteeinbußen. Die Bauern versuchen dann, die Elefanten zu vertreiben. Sie erlegen oder vergiften sie sogar. Dabei kommt es auch zu Unfällen, die auf beiden Seiten Opfer fordern. Um Mensch und Tier zu schützen, ist es daher sehr wichtig, dass man sich ausweichen kann. Wildreservate, Nationalparks und Zoos tragen dazu bei, den Elefantenbestand zu retten.

oben: Man kann nur hoffen, dass sich der Elefant von dem Schutzzaun abhalten lässt
unten: Wo ihr Lebensraum zerstört wird, haben Elefanten keine Chance mehr

Asiatische Elefanten bei der Arbeit

Elefanten und der Mensch

Elefanten sind seit langer Zeit mit dem Leben und den Kulturen der Menschen verbunden. Sie werden gejagt und getötet, aber auch beobachtet, fotografiert sowie gefangen und gezähmt, als Arbeits-, Zirkus- oder Zootier. Du findest sie zudem in Kunst und Literatur, in Legenden und Mythen. Manche Kulturen verehren sie sogar als heilige Wesen.

In Afrika wurden Elefanten hauptsächlich wegen ihres Fleisches gejagt und später dann wegen ihrer Stoßzähne getötet. Die Tradition des Elefantenfangs zur Abrichtung starb bereits sehr früh aus.

In Asien dagegen nutzten die Menschen wahrscheinlich schon vor über 5 000 Jahren die ersten Elefanten als Arbeitstiere. Der Bedarf an Elefanten für schwere Arbeiten oder für den Krieg war enorm. Um diesen Bedarf decken zu können, wurden aufwendige Fangaktionen durchgeführt, sogenannte Kheddas. Beispielsweise in Indien wurden dabei ganze Herden gefangen. Für eine Khedda wurden viele Arbeitskräfte gebraucht, und die Fänger benötigten reichlich Erfahrung. Die Treiber bildeten eine lange Reihe und scheuchten die Herde mit Lärm, Trommeln, viel Geschrei und Feuer in Richtung des Fangkrals. Dieser Zaun lief trichter-

Elefanten-Orchester

Elefanten scheinen Musik zu mögen und können sich sogar Töne und Melodien merken. Was lag näher, als ein Elefanten-Orchester zu gründen? Im Thai Elephant Orchestra aus Lampang in Thailand spielen bis zu 14 Dickhäuter auf Instrumenten, die speziell für sie entwickelt wurden. Davon gibt es sogar Aufnahmen auf CD.

förmig zu und bestand je nach Bauart aus vier bis zehn Meter hohen Stämmen, die durch dicke Taue und Querbalken miteinander verbunden waren. Der immer enger werdende Eingang führte in ein Gehege, das mit einem Falltor versehen war. Die in Panik versetzte Herde lief durch den Trichtergang in das Gehege. Nach dem letzten Elefanten wurde das Falltor heruntergelassen, und die gesamte Herde war gefangen. Dort ließ man die Tiere bis zur Erschöpfung toben. Um sie von den Wänden fernzuhalten, wurden Fackeln, spitze Stöcke und viel Lärm eingesetzt.

Ein Elefant kann schwere Lasten tragen, wie hier sein eigenes Futter

Ganesha

Der Gott Ganesha hat im Hinduismus, einer vor allem in Indien heimischen großen Religion, vielseitige Eigenschaften. Als Glücksbringer räumt er Hindernisse aus dem Weg, und sein rundlicher Bauch steht zum einen für Wohlstand, zum anderen auch dafür, dass er schlimme Sachen gut verdauen kann – auch im übertragenen Sinn. Gemeint ist also, dass er schlimme Dinge gut verkraftet. Ebenso ist er aber auch Gott der Schüler und Lehrer sowie der Kunst, Literatur und Wissenschaft. Sein Wissen und seine Weisheit werden durch seinen Elefantenkopf symbolisiert. Mit den großen Ohren hört er gut zu, mit seinen kleinen Augen blickt er in die Zukunft und mit dem Rüssel riecht er Gutes und Böses. Er hat vier Arme und in manchen Abbildungen trägt er sogar ein drittes Auge. Sein Reittier ist eine Maus.

Waren die Elefanten völlig erschöpft, ritten erfahrene Mahuts, also Elefantenführer, auf Arbeitselefanten in die Umzäunung. Mit Seilen um den Körper und Schlingen um die Beine wurden einzelne Elefanten mithilfe der Arbeitselefanten wieder herausgeführt und abseits im Wald angebunden. Anschließend begann die Abrichtung zum Arbeitselefanten. Mit meist gewaltsamen Methoden wurden die Elefanten gefügig gemacht und ihr Wille gebrochen. Nur ein solcher Elefant kann als zuverlässiges Arbeitstier eingesetzt werden.

Neben dieser Fangmethode gab es in Asien aber auch geschickt getarnte Fallgruben. Ebenfalls wurde mit Schlingen und Opiumködern gearbeitet, oder aber einzelne Tiere wurden von einem erfahrenen Mahut und seinem Arbeitselefanten von der Herde getrennt, in die Enge getrieben und mit Schlingen in ein Arbeitscamp geschleppt. Die letzte Khedda wurde vermutlich noch Anfang der 1980er-Jahre abgehalten. Heutzutage ist der Fang wilder Elefanten in Asien streng verboten.

Bei dieser Aufführung wird gezeigt, wie Elefanten früher in Thailand im Krieg eingesetzt wurden

In Asien wurden die Tiere in der Forstwirtschaft und im Bauwesen durch mächtige Republiken und Fürstentümer eingesetzt. Der Afrikanische ebenso wie der Asiatische Elefant dienten jedoch auch als Kriegselefanten. In die Geschichte eingegangen sind die 38 Kriegselefanten, die um das Jahr 218 vor Christus der karthagische Heerführer Hannibal mit seinem Heer über die Alpen marschieren ließ, um die Römer anzugreifen. Der makedonische König Alexander der Große begegnete noch früher Kriegselefanten. 326 vor Christus stand er der Streitmacht des nordindischen Königs Parces mit rund 200 Kriegselefanten gegenüber.

Für viele Soldaten war es damals ein richtiger Schock, wenn sie auf Elefanten trafen, da sie diese zuvor noch nie gesehen hatten. Recht bald aber wurden geeignete Abwehrmethoden entwickelt, wie ausgelegte Nagelbretter, der Einsatz von Feuer oder das Durchschneiden der Beinsehnen der bedauernswerten Tiere. So war es nur eine Frage der Zeit, bis sich Elefanten nicht mehr für den Einsatz im Krieg eigneten.

Die Tradition dagegen, sie als Arbeitstier einzusetzen, ist in Asien bis heute erhalten geblieben. Teilweise wurden sie durch Traktoren ersetzt, die aber nicht so schonend für das Ökosystem sind wie ein Elefant.

oben: Der karthagische Feldherr Hannibal überquerte mit Kriegselefanten die Alpen und griff die römische Armee an
Mitte: Elefanten-Statuen vor einem Tempel in Thailand. In diesem Land wird der Elefant nicht nur verehrt, sondern ist sogar das Nationalsymbol.
unten: Für eine religiöse Feier in Indien wurden diese Elefanten prächtig geschmückt

Mahuts

Mahuts sind Führer und oft auch die Besitzer eines Elefanten. Sie sind für die Abrichtung, Ernährung und die Pflege verantwortlich und viele Jahre mit ihrem Elefanten verbunden.
Mahuts sitzen zum Reiten auf dem Nacken ihres Elefanten und lenken ihn mit Kommandos und ihrem Elefantenhaken.
Hier siehst Du, wie Mahuts ihren Elefanten baden lassen und ihn abschrubben. Das ist gut für die Haut der Tiere und stärkt die Bindung zwischen Mensch und Tier.

Bei der Parade zum Perahera-Fest in Sri Lanka ist dieser Elefant sogar mit Lämpchen ausgestattet

Durch Abholzung und Brandrodung wurden Asiens Wälder immer kleiner. In Thailand ist daher zum Schutz der Wälder 1990 die Abholzung verboten worden. Obwohl man durch den Schutz der Wälder auch den Lebensraum für Elefanten zu sichern versuchte, schwand dieser dennoch weiter: Er wurde einfach illegal weiter abgeholzt.

Ein anderer Einsatzbereich war die Jagd. Als die Europäer in Afrika und Asien Kolonien besetzt hielten, ritten reiche Jäger auf Elefanten, um Raubtiere zu schießen. Die Jagd auf Tiger in Indien war sehr beliebt. Auf dem Rücken der Elefanten waren die Jäger relativ sicher und hatten von dort oben auch einen guten Ausblick. Heutzutage werden Ausritte auf Elefanten zum Glück nur noch für Touristen angeboten. Diese sind statt mit Jagdwaffen nur mit Kameras ausgerüstet. Bestimmte Religionen sehen den Elefanten nicht nur als Nutztier oder Jagdtrophäe. In manchen Kulturen werden Elefanten verehrt und als heilige Tiere gesehen, als Reittier eines Propheten oder Gottes oder wie im Hinduismus selbst als Gott in Elefantengestalt, nämlich als Gott Ganesha.

Arbeitslos

Für die Mahuts mit ihren Arbeitselefanten bedeutete das Verbot der Abholzung die Arbeitslosigkeit. Für die Arbeitselefanten hatte das die Folge, dass sie vernachlässigt oder sogar schlecht behandelt wurden und dass ihre Mahuts ihnen nicht mehr genügend Futter kaufen konnten.

Was für ein toller Hackentrick!

Ihre Größe und die von ihnen ausgestrahlte Würde, aber ebenso ihre außergewöhnlich hohe Intelligenz und ihr Sozialverhalten veranlassen Menschen seit jeher dazu, Elefanten als ganz besondere Tiere anzusehen. In Thailand zum Beispiel ist das Nationalsymbol der Elefant. Er ist auf vielen Tempeln und anderen Gebäuden zu sehen.

In manchen asiatischen Ländern ist Elefanten-Fußball ein großes Spektakel

Bei indischen Fürsten war es Brauch, durch den Besitz vieler Elefanten seine Macht und seinen Reichtum zu zeigen. Die Tiere wurden auch als Geschenke an Herrscher übergeben – zum einen um ihnen Respekt zu zeigen, aber manchmal vielleicht auch, um sie in den Ruin zu treiben. Denn der Unterhalt der Elefanten war sehr teuer!

Ein besonderes Zeichen der Macht war der Besitz „weißer Elefanten“. Du darfst aber jetzt nicht denken, dass solche Elefanten richtig weiß sind. Sie haben nur eine sehr helle, leicht rosafarbene bis graue Haut und einige weitere besondere Kennzeichen, die in alten Schriften überliefert sind. So müssen sie sehr lange Schwanzhaare, einen rosafarbenen und glatten Gaumen sowie weiße bis rosafarbene Nägel haben.

Diese „weißen Elefanten“ werden seit jeher verehrt, besonders in den Ländern Burma, Laos und Thailand. In Thailand müssen „weiße Elefanten“ bis heute dem König übergeben werden und stellen ein Zeichen seiner Macht und seines Ansehens dar. 100 Jahre lang, von 1816 bis 1916, war ein weißer Elefant sogar auf der thailändischen Nationalflagge zu sehen.

Unglaublich, wie Asiatische Elefanten bei Vorführungen malen können!

Diese indischen Frauen glauben, dass die Berührung durch den Elefanten ihnen Segen bringt

Statt Jägern reiten heute Touristen auf Elefanten

Manege frei?

„Manege frei – hier kommen die Elefanten!“, kündigt der Zirkusdirektor seine Hauptattraktion an. Die Augen werden groß, und das Publikum erwartet gespannt die Vorführung der dressierten Elefanten. Vielen bleibt der Auftritt lange im Gedächtnis. Die Clowns und Akrobaten sind manchmal schnell vergessen, sobald Elefanten die Arena betreten. Beeindruckend allein ist ja schon ihre Größe. Aber wenn sie dann noch Kunststücke vorführen, ist das Staunen groß. Diese massigen Körper auf einem Bein balancierend oder im Handstand zu sehen, ist schon faszinierend. Mit tosendem Applaus werden die Elefanten nach vollbrachter Vorführung wieder verabschiedet.

Hast Du Dich denn aber schon einmal gefragt, was die Tiere zwischen den Vorführungen machen? Wie sieht das Leben im Zirkus für sie aus? Die wenigen Minuten, die sie die Zuschauer in ihren Bann ziehen, bilden ja nur einen Bruchteil ihres Tagesablaufs. Um überhaupt auftreten zu können, sind ein zeitintensives Training und viel Gehorsam nötig. Natürlich kann Training im besten Fall auch so gestaltet sein, dass die Tiere Spaß daran haben. Schließlich bekommen sie dadurch Aufmerksamkeit und Beschäftigung. Wenn es dann noch eine Belohnung für richtig gemachte Kunststücke gibt, ist das doch wunderbar.

Vor allem Asiatische Elefanten wurden für Zirkusvorführungen abgerichtet

Verbot der Haltung im Zirkus?

Da im Zirkusbetrieb eine artgerechte Haltung von Elefanten nicht möglich ist, verbieten immer mehr Länder Zirkussen, Elefanten zu zeigen. Daher gibt es kaum noch Zirkusse, die Elefanten halten. Ein anderer Grund dafür sind die hohen Kosten für Pflege und Futter.

Früher zählten Elefanten zu den Hauptattraktionen eines Zirkus

Jedoch kann man das Leben eines Zirkuselefanten sicher nicht mit dem Leben eines in freier Natur aufwachsenden Elefanten vergleichen. Alleine das Sozialgefüge und die Familienstrukturen sind Zirkuselefanten fremd. Dagegen sind sie stark auf den Menschen geprägt und auch an andere Geräusche gewöhnt. Sie reisen regelmäßig von Ort zu Ort, je nachdem, wo der Zirkus sein Zelt als Nächstes aufschlägt. Meist in Käfigwaggons bestreiten die Elefanten ihre Reise. Am Ziel angekommen, haben sie eventuell ein wenig Auslauf, dies in der Regel aber angekettet. Das alles ist nicht optimal für einen Elefanten und entspricht nicht einer artgerechten Haltung.
Dies zeigt sich im Verhalten des Elefanten, aber auch in seiner körperlichen Verfassung. Hinzu kommt noch, dass Elefanten dafür anfällig sind, Stereotypien zu entwickeln. Was das ist, erklärt Dir die schlaue Eule Xabi auf Seite 58.

Solche Kunststücke bekommst Du heute kaum noch zu sehen, da immer mehr Länder Zirkussen verbieten, Elefanten zu zeigen

Elefanten im Zoo

In Zoos sah die Haltung früher ganz anders aus, als Du sie heutzutage kennst. Oft wurden Elefanten den Besuchern angekettet auf Betonplattformen präsentiert. Über die Jahre hat sich aber glücklicherweise einiges getan. Zoos sind heute sehr an einer artgerechten Haltung interessiert und stellen das Wohlbefinden des Elefanten an oberste Stelle. Um das zu gewährleisten, gibt es strenge Richtlinien, an die sich alle deutschen, österreichischen und Schweizer Zoos halten, ebenso Zoos vieler weiterer Länder. Wichtig sind beispielsweise der richtige Bodengrund, ausreichend Platz und Ausweichmöglichkeiten.

Streit gibt es ja auch in den besten Familien einmal. Um dem aber vorzubeugen, sollte man den Elefanten ausreichend Beschäftigungsmöglichkeiten anbieten. Neben dem Komfort, wie einem Badebecken, müssen im Außengehege natürlich auch Schattenplätze vorhanden sein. Wer steht schon gerne den ganzen Tag in der prallen Sonne?

Vom Gehege einmal abgesehen, gibt es drei verschiedene Haltungsformen, die wir Dir näher erklären möchten. Die Begriffe dafür stammen aus dem Englischen und heißen Hands-On, Hands-Off und Protected Contact.

Fangen wir mit dem Hands-On an. Man sagt dazu auch: Arbeiten mit Elefanten im direkten Kontakt. Dabei arbeiten die Pfleger also direkt mit den grauen Riesen, ohne Absperrung zwischen Tier und Mensch. Der Pfleger muss

Stereotypien bei Elefanten

Stereotypien sind unnormale Verhaltensweisen von Tieren aus nicht artgerechter Haltung, die über längere Zeit ständig wiederholt werden. Bekannt ist von Elefanten das „Weben". Es tritt bei Elefanten auf, die an einer Kette gehalten werden. Sie fangen an, ständig mit dem Kopf oder auch mit dem Oberkörper hin und her zu wackeln.

Ein webender Elefant fällt sein Leben lang immer wieder in dieses Verhaltensmuster zurück, auch wenn er bereits in einer verbesserten Haltung ohne Ketten lebt und gut beschäftigt wird. Man sieht also Elefanten selbst im höheren Alter noch an, ob sie ursprünglich aus einer Kettenhaltung stammen.

Zoogehege für Elefanten sind heute reich strukturiert und weitläufig

beim direkten Kontakt als oberstes Herdentier akzeptiert sein. Um Unfällen vorzubeugen und auch um den Gehorsam durchzusetzen, ist der Pfleger mit einem Elefantenhaken ausgestattet.

Der Umgang im direkten Kontakt birgt dennoch Gefahren. Elefantenbullen werden daher in der Regel separat gehalten, und es wird auch nicht ohne Absperrung mit ihnen gearbeitet. Aber auch von Elefantenkühen gab es schon Angriffe auf Pfleger. Für viele Zoos hat dies dazu beigetragen, ihre Haltung auf Protected Contact umzustellen. Dies ist der geschützte Kontakt. Dabei ist immer eine Absperrung zwischen Mensch und Tier vorhanden.

Da der Pfleger bei dieser Haltungsform nicht als Herdenoberhaupt akzeptiert werden muss, ist es den Tieren besser möglich, ihr soziales Gefüge ganz natürlich unter sich aufzubauen. Während man im Hands-On medizinische Eingriffe und Versorgungen gut durchführen kann, ist im Protected Contact dazu das Training mit den Elefanten enorm wichtig. Hier kommt das Target-Training zum Einsatz. Was das ist, verrät Dir die schlaue Eule Xabi auf Seite 61.

oben: Zoos unterstützen auch die Arbeit in den Herkunftsländern, zum Beispiel die Aufzucht verwaister Jungtiere, deren Eltern gewildert wurden
unten: Ein tolles Gehege für Afrikanische Elefanten in einem spanischen Zoo

Ein Beispiel für eine moderne Elefantenhaltung im Kölner Zoo. Im hinteren Bereich der Innenanlage befinden sich die Bullen, vorne die Kühe mit ihren Jungtieren.

Die ursprünglich aus warmen Regionen stammenden Elefanten sind nicht winterhart. Kurzweilig vertragen sie aber auch niedrige Temperaturen und lassen sich selbst von Schnee nicht stören.

Gute Kumpels im Kölner Zoo: Bindu und Raja

Vor allem für die Fußpflege ist es wichtig, dass ein Elefant mitspielt, also den vom Pfleger gewünschten Fuß ins Gitter stellt und ihn für die Dauer der Behandlung dort lässt. Das Training funktioniert heutzutage ausschließlich mit Belohnungen. Bestraft wird nie. Dies führt dazu, dass die Elefanten ein Vertrauensverhältnis zu ihrem Pfleger aufbauen.

Bei der dritten Haltungsform, dem Hands-Off, ist der Mensch komplett außen vor. Die Tiere sind nicht auf den Menschen geprägt und leben sehr natürlich. Meist gibt es zwei große, miteinander verbundene Anlagen. Die Pfleger reinigen eine Anlage, während die Elefanten auf der anderen sind. Ansonsten bleiben die Elefanten sich selbst überlassen. Dies bedeutet jedoch auch, dass medizinisch notwendige Behandlungen nur schwierig durchführbar sind.

Jetzt kennst Du Dich schon so gut aus, dass Du bei Deinem nächsten Zoobesuch erkennen kannst, welche der drei Haltungsformen dort praktiziert wird.

Wichtigstes Werkzeug bei der Arbeit mit Elefanten

Der Elefantenhaken ist ein Werkzeug, um Elefanten im direkten Kontakt zu lenken und zu leiten.

Target-Training

Beim Target-Training bringt der Pfleger dem Elefanten mithilfe eines „Zeigestocks“, des Targets, bei, ein bestimmtes Verhalten auf Kommando zu zeigen. Unterstützt wird das Training mit dem Target durch akustische Signale wie ein Pfeifen oder Klicken für richtiges Verhalten und eine Belohnung.

Man kann aber nicht nur mit Elefanten oder anderen Zootieren auf diese Weise trainieren. Hast Du denn ein Haustier? Versuch Dich doch selber einmal im Tiertraining! Gerade bei Katzen und Hunden ist das Klickertraining sehr beliebt, aber auch bei Sittichen, Meerschweinchen, Kaninchen und anderen Tieren.

Hinter einer artgerechten Haltung im Zoo steckt aber noch viel mehr. Sie hilft, den Bestand der bedrohten Tiere zu sichern. Zum einen durch die Nachzucht, aber auch, indem sich Zoos an Schutzprogrammen für Elefanten in der Natur beteiligen.

Der Verband der Zoologischen Gärten, kurz VdZ, umfasst die wissenschaftlich geleiteten Zoologischen Gärten hauptsächlich im deutschsprachigen Raum. Momentan werden in den VdZ-Zoos rund 50 Afrikanische und knapp über 100 Asiatische Elefanten gehalten, von denen ein Großteil in Zoos geborene Nachzuchten sind. Der VdZ setzt sich unter anderem für gute Zootierhaltungen ein und unterstützt die Mitglieder im Artenschutz. Neben verschiedenen Schutzprogrammen gibt es auch Auswilderungsprogramme: In Menschenhand gehaltene oder geborene Elefanten werden dabei in die Natur entlassen, um die natürlichen Bestände wieder zu stärken. Der Kölner Zoo beispielsweise unterstützt ein Auswilderungsprogramm auf Sri Lanka. Wie Du siehst, gibt es viele Möglichkeiten, um etwas für den Schutz der Elefanten zu tun. Schon ein Zoobesuch ist ein Anfang. Denn: „Wir können nur schützen, was wir kennen.“

oben: „Bitte einmal Fußpflege!“
Im Protected Contact werden die Elefanten darauf trainiert, dem Pfleger bestimmte Körperteile zur Versorgung durch das Gitter zu strecken.
unten: Dies funktioniert mit den Hinterfüßen genauso gut wie mit den Vorderfüßen

Großes Elefanten-Quiz

Nun weißt Du schon sehr viel über Elefanten! Hier kannst Du Dein Expertenwissen testen. Kreuze einfach mit Bleistift an, welche Antwort Du für richtig hältst. Manchmal sind auch mehrere Antworten korrekt. Die Lösungen findest Du auf Seite 64.

1. Auf welchen Kontinenten sind Elefanten zu Hause?

a) Nordamerika und Afrika .... ❍
b) Asien und Afrika .... ❍
c) Europa und Asien .... ❍

2. Wie hoch kann ein Afrikanischer Elefant werden?

a) bis ein Meter .... ❍
b) bis zwei Meter .... ❍
c) bis vier Meter .... ❍

3. Wer sind die nächsten Verwandten der Elefanten?

a) Schliefer .... ❍
b) Flusspferde .... ❍
c) Seekühe .... ❍

4. Wozu benutzen Elefanten ihren Rüssel nicht?

a) Nahrungsaufnahme .... ❍
b) Schnorcheln .... ❍
c) Fortbewegung .... ❍
d) Tasten .... ❍

5. Wie alt können Elefanten normalerweise werden?

a) etwa 20 Jahre .... ❍
b) bis 60 Jahre .... ❍
c) über 100 Jahre .... ❍

6. Wie viele Stoßzähne hat ein Elefant?

a) Keine .... ❍
b) 2 .... ❍
c) 4 .... ❍

7. Auf welchem Teil des Fußes laufen Elefanten?

a) Sohle .... ❍
b) Ferse .... ❍
c) Zehenspitzen .... ❍

8. Wie lange ist eine Elefantenkuh trächtig?

a) neun Monate .... ❍
b) 15 Monate .... ❍
c) 22 Monate .... ❍

9. Zu welcher Ordnung gehören Elefanten?

a) Schliefer .... ❍
b) Rüsseltiere .... ❍
c) Nasebeutler .... ❍

10. Woran kann man Asiatische von Afrikanischen Elefanten unterscheiden?

a) Rückenlinie .... ❍
b) Ohren .... ❍
c) Rüsselspitze .... ❍
d) Zunge .... ❍

11. Wie viel Wasser kann ein Elefant im Rüssel aufnehmen?

a) bis zu einem halben Liter .... ❍
b) bis zu zwei Liter .... ❍
c) bis zu zehn Liter .... ❍

12. Wie heißt der elefantenköpfige Gott im Hinduismus?

a) Vishnu .... ❍
b) Ganesha .... ❍
c) Shiva .... ❍

13. Wie viel Nahrung nimmt ein Elefant am Tag auf?

a) bis zu zehn Kilogramm .... ❍
b) bis zu 50 Kilogramm .... ❍
c) bis zu 150 Kilogramm .... ❍

14. Wie viel wiegt ein Elefantenbaby in der Regel bei der Geburt?

a) 30 bis 50 Kilogramm .... ❍
b) 80 bis 120 Kilogramm .... ❍
c) 450 bis 500 Kilogramm .... ❍

15. Was kann man aus Elefantenkot herstellen?

a) Papier .... ❍
b) Plastik .... ❍
c) Gummireifen .... ❍

16. Was fressen Elefanten?

a) Früchte .... ❍
b) Gräser .... ❍
c) Blätter .... ❍

17. Wie schwer können Afrikanische Elefanten werden?

a) bis zu 500 Kilogramm .... ❍
b) bis zu zwei Tonnen .... ❍
c) bis zu sieben Tonnen .... ❍

18. Wie dick ist Elefantenhaut?

a) Bis zu drei Zentimeter .... ❍
b) Bis zu fünf Zentimeter .... ❍
c) Bis zu sieben Zentimeter .... ❍

19. Ein Elefantenrüssel enthält ...?

a) ... keine Muskeln .... ❍
b) ... bis zu 5 000 Muskeln .... ❍
c) ... bis zu 40 000 Muskeln .... ❍

20. Wie verständigen sich Elefanten?

a) durch Ultraschall .... ❍
b) durch Infraschall .... ❍
c) durch Infrarot .... ❍

Lösungen zum Elefanten-Quiz

1) b: Elefanten leben in Asien und Afrika.
2) c: Afrikanische Elefanten erreichen eine Schulterhöhe von bis zu vier Metern.
3) a und c: Schliefer und Seekühe sind die nächsten Verwandten der Elefanten.
4) c: Der Rüssel hat viele Funktionen, aber Fortbewegung zählt nicht dazu.
5) b: Meist liegt das Höchstalter von Elefanten bei 60 Jahren, in menschlicher Obhut können sie jedoch älter werden
6) a und b: Ein Elefant hat entweder zwei Stoßzähne oder gar keine.
7) c: Elefanten sind Zehenspitzengänger.
8) c: Eine Elefantenkuh ist meist 22 Monate lang tragend, bevor das Jungtier zur Welt kommt.
9) b: Elefanten gehören der Ordnung der Rüsseltiere an.
10) a, b und c: Die Zunge ist kein Unterscheidungsmerkmal, die anderen genannten Merkmale schon.
11) c: Unglaubliche zehn Liter Wasser passen in einen Elefantenrüssel.
12) b: Der elefantenköpfige Gott aus dem Hinduismus heißt Ganesha.
13) c: Bis zu 150 Kilogramm Nahrung benötigt ein Elefant pro Tag.
14) b: Ein Jungtier wiegt nach der Geburt bereits zwischen 80 und 120 Kilogramm.
15) a: Aus Elefantenkot kann man Papier herstellen.
16) a, b und c: Elefanten ernähren sich zwar hauptsächlich von Blätter und Gräsern, mögen aber auch gerne Früchte.
17) c: Afrikanische Elefanten können normalerweise bis zu sieben Tonnen schwer werden. Der Rekordhalter allerdings wog sogar zwölf Tonnen.
18) a: An einigen Stellen ist die Elefantenhaut bis zu drei Zentimeter dick.
19) c: Der Rüssel enthält keine Knochen, dafür aber bis zu 40 000 Muskeln.
20) b: Elefanten kommunizieren unter anderem durch Infraschall miteinander.

Entdecke die Reihe mit der Eule!

Entdecke die Eulen

Entdecke die Greifvögel

Entdecke die Geier

Entdecke die Rabenvögel

Entdecke die Spechte

Entdecke die Finken

Entdecke die Spatzen

Entdecke die Eisvögel

Entdecke die Zugvögel

Entdecke die Singvögel

Entdecke die Meisen

Entdecke die Kraniche

Entdecke die Störche

Entdecke Schwäne, Gänse & Enten

Entdecke die Möwen

Entdecke die Pinguine

Entdecke die Papageien

Entdecke die Kolibris

Entdecke die Fledermäuse

Entdecke die Hunde

Entdecke die Kühe

Entdecke die Pferde

Entdecke die Esel

Entdecke die Nagetiere

Entdecke die Igel

Entdecke die Maulwürfe

Entdecke die Waschbären

Entdecke die Biber

Entdecke die Otter

Entdecke heimische Wildtiere

Entdecke die Wölfe

Entdecke die Bären

Entdecke die Tiger

Entdecke die Menschenaffen

Entdecke Affen und Lemuren

Entdecke die Pandas

Entdecke die Elefanten

Entdecke die Nashörner

Entdecke die Erdmännchen

Entdecke die Beuteltiere

Natur und Tier - Verlag GmbH
An der Kleimannbrücke 39/41 · 48157 Münster
Telefon: 0251 - 13339-0 · Fax: 0251 - 13339-33
E-Mail: verlag@ms-verlag.de · www.ms-verlag.de